Émile Montégut

De l'individualité humaine et de l'indépendance de l'esprit dans la société moderne

essai

ISBN : 978-1541363496

10 9 8 7 6 5 4 3 2 1

Émile Montégut

De l'individualité humaine et de l'indépendance de l'esprit dans la société moderne

essai

Table de Matières

Introduction

Jamais l'individualité humaine n'a été aussi faible qu'aujourd'hui, et jamais elle n'a été entourée de plus de périls. Les uns la redoutent comme une puissance envahissante, intraitable et contraire à la démocratie ; les autres la condamnent en la rendant responsable des excès de la licence. La société s'en effarouche comme de l'imprévu et du hasard ; le peuple innombrable de la bureaucratie moderne, habitué à la monotone régularité de ses mécanismes, rit d'elle comme d'une puissance excentrique, aventureuse, incompatible avec le gouvernement des hommes.

Qu'est-ce cependant que cette puissance tant redoutée, et qu'on refoule autant qu'on le peut ? C'est la civilisation elle-même. L'individu n'est pas une des puissances sociales, il est l'unique. Puisqu'il est incriminé de toutes parts, puisqu'on semble préférer à son action libre l'action d'agents mécaniques, et qu'on cherche à lui faire une mauvaise renommée, je suis tenté de décrire pour ainsi dire sa constitution morale et de retracer quelques-unes des péripéties de son histoire. On ne trouve pas à la société d'autre cause, à la civilisation d'autre fin que l'individu. On possède ainsi un *critérium* infaillible pour juger du degré d'excellence des gouvernements : ils sont plus ou moins bons, selon qu'ils se rapprochent ou s'éloignent de l'individu, et surtout selon qu'ils facilitent ou entravent son développement. Tout gouvernement fondé en dehors de l'individu est donc contraire à la civilisation. Plusieurs fois cette expérience a été tentée par suite de circonstances où la liberté semblait offrir les plus grands dangers, et toujours cette tentative a eu le même résultat, à savoir l'immoralité et la décadence. Deux de ces tentatives surtout sont mémorables : dans la première, l'âme humaine a failli périr ; la seconde, qui dure depuis trois siècles, après avoir maintes fois fait dévier la société, n'a pu encore réussir qu'à moitié, et ce qui prouve bien que cette tentative est condamnée par la force des choses, c'est que, dans cette longue bataille de trois siècles, partout où l'individu a triomphé, la vie s'est développée sans obstacle ; partout où il a échoué, elle s'est éteinte, si bien que l'apologie de l'individualité humaine est contenue dans l'histoire des efforts tentés contre elle. C'est cette excellence de l'individualité et cette absolue certitude du danger que courent les

Émile Montégut

nations, quand elles la laissent perdre ou diminuer, que je voudrais mettre en lumière comme une leçon encore utile au temps présent.

Section I

Ce qu'on nomme individualité est le signe le plus élevé de la civilisation ; c'est le véritable triomphe de l'homme sur la fatalité, car trois choses, essentiellement contraires à la fatalité, la constituent : le caractère, point de résistance où viennent se briser les accidents extérieurs ; la liberté, mouvement volontaire de l'esprit et arme d'action ; l'originalité, qui différencie l'âme d'une autre âme, la sépare pour ainsi dire du genre auquel elle appartient et la marque d'un signe reconnaissant. Quand ces trois attributs, caractère, indépendance, originalité, apparaissent chez un homme, une individualité est constituée. L'homme cesse alors d'être un phénomène obscur, né d'une loi générale, se rattachant dans tous ses actes à une loi générale ; il est un être qui porte en lui-même sa loi, ou qui, pour mieux dire, la gouverne, en la faisant personnelle d'impersonnelle qu'elle était, et morale de matérielle. Lorsque l'homme s'élève à la dignité d'individu, il atteint le dernier terme de sa destinée terrestre et sociale. Enfin c'est par l'individualité que l'homme cesse d'être un animal et d'appartenir à un genre, à une tribu d'animaux ; après cela, il ne lui reste plus qu'à être une âme.

L'individu est le commencement et la fin, la cause et le but de la civilisation : c'est là une vérité qu'il ne faut se lasser de proclamer bien haut, car nous courons risque de l'oublier, et sous prétexte d'égalité, de bonheur des masses, nous faisons verser la société dans une ornière de barbarie, à la grande joie des despotes et aux applaudissements de ces foules, troupeau muet auquel n'a été encore donné ni la parole, ni l'indépendance, ni aucun des attributs de l'individu.

L'individu est le commencement et la cause de la civilisation ; cette assertion n'a pas besoin d'être prouvée, car toute l'histoire est là pour la confirmer. Le mot admirable de Machiavélique a les héros et les fondateurs des républiques et des empires sont, après les dieux, ceux qui ont le plus de droit à l'adoration des hommes, » n'est pas encore assez large et ne fait pas assez d'honneur à l'individualité humaine. Ce ne sont pas seulement les systèmes politiques, les républiques et les empires qui sont l'œuvre des individus, ce sont toutes les inventions, et même toutes les vertus. Il faut bien s'entendre lorsqu'on nous parle d'une nature morale toujours identique à elle-même et commune à toute la race humaine. Cette nature morale existe en effet, mais elle n'est qu'une matière première. L'homme non encore civilisé n'a pas de vertus, mais seulement des instincts, et ces instincts portent des noms sinistres : amour de soi, lâcheté, terreur, superstition, férocité, bestialité. Par quel miracle ces instincts farouches se transforment-ils en vertus ? Par le miracle de l'individu. Il paraît, et la nature ne se reconnaît plus elle-même ; de ses savantes mains d'artiste, l'individu pétrit ce limon rebelle, lui donne une belle forme et des proportions harmonieuses. Alors tout change de nom ; cette férocité s'appelle courage, dédain du danger, honneur militaire ; cet amour de soi s'appelle force de caractère, résistance, souci de la dignité personnelle ; cette superstition qui faisait courber toutes les têtes de frayeur, cette terreur des forces inconnues devient religion, confiance aux lois invisibles ; cette lâcheté elle-même se transforme et devient obéissance et prudence. Toutes les vertus sont donc individuelles, et cela n'est pas vrai seulement à cause des grands hommes qui les ont primitivement in ventées pour ainsi dire ; cela est vrai pour tout homme, quelqu'il soit. Plus la personnalité est forte, plus les vertus sont grandes, et la seule différence qui sépare les hommes, c'est la proportion dans laquelle le limon des instincts primitifs se trouve en eux. Les vertus ne sont donc pas, comme les instincts, des forces générales communes à tout le genre humain ; elles sont des êtres distincts, nés de la liberté, apanage et récompense de l'individu.

L'homme, en s'élevant à la dignité d'individu, rompt avec la fatalité des instincts, et il brise en même temps une autre fatalité, la monotonie de la nature. C'est l'individu qui apporte dans le monde la variété et la beauté. Observez la nature ; elle va se répétant toujours elle-même avec une majesté monotone qui semble nous enseigner le néant de l'effort humain, le dédain de la liberté. Tout au contraire dans le monde moral est différent et marqué du sceau de la variété. L'individualité consistant dans un travail libre de l'homme sur lui-même, dans un effort pour pétrir la terre

Émile Montégut

primitive des instincts, infinies sont les modifications que revêt cette substance première, selon le degré de l'effort, la direction de la volonté, la résistance ou la mollesse de la matière, l'excellence de l'ouvrier, — Incomplètes, ébauchées, bizarres, harmonieuses, mais toujours diverses et variées, ne se répétant jamais, sont les formes qui remplissent le monde moral. Elles n'appartiennent ni à un genre, ni à une espèce ; chacune d'elles est unique. Le mélange d'instinct et de vertu, de sagesse et de passion qui constitue telle individualité ne se retrouvera jamais plus ; Il n'y a pas de moule qui conserve les formes de l'individualité, et chaque individu est une œuvre d'art particulière, une statue créée par elle-même, et qui emporte avec elle les outils, la matière, le moule au moyen desquels elle s'était formée. De là la poésie du monde moral et le charme magique de l'histoire. Que raconte l'histoire en vérité sinon les annales de quelques milliers d'individualités ? De nos jours ; on a essayé de bouleverser les lois de l'histoire : on a prétendu, par une fausse application des principes démocratiques, faire l'histoire des peuples et non celle des individus ; mais il est remarquable que cette tentative n'a jamais pu se réaliser, et que l'historien est obligé, malgré lui, de nous présenter, non des masses indistinctes, non ces êtres de raison qui s'appellent peuples, foules, nations, mais des acteurs déterminés, distincts, frappés du chaud rayon de la vie, des individus en un mot dont les images restent dans notre souvenir plutôt par ce qu'elles ont de différent que par ce qu'elles ont de semblable. L'histoire n'est composée que de personnages, et le genre humain n'y apparaît que comme le fond du tableau, comme la matière première sur laquelle l'individu grave son nom.

Si l'individu est toute l'histoire, il est par conséquent toute la civilisation, et en effet il l'est en un double sens, comme cause et comme résultat. Cette variété infinie que présente le monde de l'histoire indique dans chaque individu la présence d'une force particulière, entièrement personnelle, qu'aucun autre homme n'a possédée, et qui par conséquent doit déterminer toute une série d'actions dont elle est la cause, et qui sans elle n'existeraient pas. Avec chaque individualité nouvelle, les affaires humaines prennent une nouvelle direction. C'est un nouveau plan politique, une nouvelle méthode, une nouvelle manière de penser, que sais-je ? quelquefois même une résurrection de vieilles méthodes et de vieux faits depuis longtemps oubliés. Et en même temps il se passe un phénomène contradictoire qui vient compléter ou élargir à l'infini l'œuvre des individualités. De même que les individus créent la civilisation, la civilisation à son tour crée les individus. Ces forces, une fois échappées à la volonté personnelle et passées à l'état de faits, d'institutions, de doctrines, prennent à leur tour pour ainsi dire une individualité, et deviennent des sources d'inspiration, des stimulants d'activité. Alors cette conquête de la personnalité, qui demandait primitivement un si grand effort, devient relativement facile. Le bon Hérodote raconte que dans un combat un fils de Crésus, muet dès sa naissance, voyant le glaive d'un soldat près de s'abattre sur son père, recouvra subitement la parole sous le coup de cette violente émotion. C'est l'effet que produit sur nous tous à certaines heures de la vie, dans tel moment propice, le spectacle de la société humaine et de la civilisation. L'émotion subite, le sentiment spontané ressentis à la vue de ce spectacle, nous délient la langue, nous forcent à parler ou à agir, ou mieux encore à rentrer en nous-mêmes pour y trouver un nouvel homme que nous n'avions jamais cherché. La formation de l'individualité est donc singulièrement facilitée par la société humaine et le spectacle varié qu'elle présente.

Le but de la civilisation est dès-lors trouvé : il consiste à créer le plus grand nombre d'individualités possible, à conférer au plus grand nombre cet inestimable bienfait de la personnalité, à amoindrir le plus possible la tribu animale du genre humain. C'est le but de la démocratie, j'imagine, ou elle n'en a aucun. Nos modernes docteurs qui voient le progrès dans la destruction de l'individualité, nos modernes philanthropes qui voient l'avenir de l'humanité sous la forme d'un paternel absolutisme, et qui, sous prétexte de protéger les masses, réduisent autant qu'ils le peuvent l'individu à l'inaction, tournent le dos volontairement ou involontairement à la tradition de l'humanité, et nous ramènent directement à la première étape des sociétés, à l'époque où l'individu était obligé d'inventer des moyens de forcer l'obéissance. Lorsque aujourd'hui nous nous prononçons contre la liberté, nous avouons indirectement deux choses également tristes et qu'il faut oser dire tout haut : que le grand nombre, c'est-à-dire les masses, est incapable de civilisation, et que le petit nombre, c'est-à-dire les individus, est capable seulement d'oppression, de tyrannie ou, comme on disait il y a quelques années, d'exploitation.

Je connais l'objection vulgaire : « La société qui accorde trop à l'individu contient un germe d'aristocratie et par conséquent est directement opposée à la démocratie. En outre, l'individu est une sorte d'exception anormale qui, pour se développer, doit naturellement écraser toutes choses autour d'elle. » Rien n'est plus faux. Pour être une individualité, s'agit-il donc d'être un grand conquérant, un grand politique, ou un grand poète ? S'agit-il de s'appeler Alexandre, Richelieu ou Shakspeare ? Non, certes. L'individualité humaine existe partout où nous sentons la marque d'une âme originale et indépendante. Le potier qui imprime son cachet à un vase d'argile, le laboureur dont le champ révèle par son aspect différent de l'aspect des champs voisins les soins d'un travail libre, sont des individualités au même titre, sinon au même degré que le conquérant ou le poète. Est-ce que le paysan écossais, est-ce que le paysan de la Nouvelle-Angleterre, avec leur culture biblique, leur grave esprit de liberté, leur ardeur opiniâtre au travail, leur proverbiale sagesse pratique, ne sont pas des individualités ? A quel titre reconnaîtrez-vous la personnalité, si vous ne la reconnaissez pas là ? Nous n'avons donc pas besoin, pour être des individus, d'être des oppresseurs, des tyrans ou des orgueilleux ; nous n'avons pas besoin de faire des actions extraordinaires et de nous manifester au monde avec grand fracas : nous n'avons besoin que d'avoir une âme, et le plus léger signe la fera reconnaître.

Qu'y a-t-il là d'anti-démocratique ? J'ai cité l'exemple de l'Ecosse et de la Nouvelle-Angleterre, parce que c'est un des faits les plus frappants et les plus propres à éclairer sur la vraie direction de la société. Dans ces deux contrées, les masses n'existent pour ainsi dire pas, ce sont des nations d'individus ; il n'y a pas la de troupeau humain, Il y a des hommes. Il est honteux de voir combien, lorsque nous parlons de démocratie, nous sommes barbares dans nos raisonnements. Nous ne dépassons pas, dans nos idées sur l'égalité, l'intelligence des révoltés du moyen âge ou des populaces envieuses et souffrantes. « Quand Adam bêchait et quand Eve filait, qui donc était gentil homme ? » demandaient les pauvres paysans insurgés du temps de Richard II. C'est la manière dont encore aujourd'hui nous revendiquons l'égalité. « Mais, s'écrie à son tour un philosophe moderne, où seront les gentilshommes quand tous les hommes seront gentils hommes ? » Voilà la vraie manière de comprendre l'égalité. La race démocratique par excellence, la race germanique et anglo-saxonne, ne s'y est jamais trompée, et dans ses diverses évolutions intellectuelles, politiques, religieuses » elle n'a jamais dévié de cette route. Sous différentes formes, — aristocratie féodale, décentralisation administrative, morcellement politique, régime constitutionnel, parlements, protestantisme, philosophie, — elle est restée fidèle à la cause de l'individualité, elle a incliné et incline lentement vers cette république idéale où tous sont égaux parce que tous sont défendus contre les envahissements despotiques par les barrières de la dignité personnelle, où l'obéissance s'accorde, mais n'est jamais conquise par la force, où les liens qui rattachent les hommes entre eux sont une chaîne de devoirs réciproques, où le verbe impersonnel *il faut*, expression d'une nécessité fatale et signe d'infériorité morale chez ceux auxquels il s'adresse, est remplacé par le verbe personnel *je dois*, expression d'une volonté libre et signe d'une conscience en possession d'elle-même.

Voilà donc la civilisation tout entière, à la fois dans son passé et dans son avenir. Créée par l'individu, elle doit à son tour créer l'individu. Si elle facilite cette expansion de la vie, si elle prête son aide à ce développement de l'âme humaine, elle est fidèle, à sa mission ; sinon elle rétrograde. Nous avons là, par conséquent un critérium infaillible pour juger des l'excellence relative des institutions et des systèmes politiques » Les meilleurs sont naturellement ceux qui sont les plus aptes à former le plus grand nombre d'individus, et ceux qui accordent à l'individu sa juste part dans le gouvernement de la société. Lorsqu'une machine impersonnelle, irresponsable, se charge seule du gouvernement des hommes, la civilisation, au lieu d'être un bienfait, devient un fléau, et l'âme humaine court de très grands dangers. Dans son état primitif, elle n'était que sauvage ; la voilà maintenant qui se déprave, car lorsqu'elle est opprimée par des mécanismes politiques nés d'une combinaison artificielle de l'esprit, toutes les subtilités de la corruption lui deviennent familières. L'activité morale cessant, tout ce que l'âme humaine avait conçu se retourne contre elle. Tout horizon lui étant fermé, elle s'attache avec une frénésie désespérée, aux moyens d'action qu'elle s'était créés, aux outils qu'elle s'était forgés ; l'or,

Émile Montégut

l'argent, la matière travaillée, autrefois moyens, deviennent un but. Mais bientôt il se passe un phénomène plus effrayant : c'est que lorsqu'une société a été soumise, trop longtemps à ce système, il devient, presque impossible de l'en affranchir et de rendre à l'individu son droit d'initiative. « Je suis toujours étonné, dirait un démocrate à une époque de réaction politique, de voir que les conservateurs et les modérés omettent dans leurs discussions le seul argument qu'ils puisent légitimement invoquer, c'est que l'humanité est très corruptible. La moindre occasion lui est bonne pour se dépraver. Donnez-moi dix années de carnage, et vous verrez reparaître l'anthropophagie. » Rien n'est plus vrai. L'homme a un penchant irrésistible qui le porte vers la corruption, mais qui redouble lorsque son activité est par trop gênée. Ainsi une liberté politique restreinte est rachetée par la licence des mœurs ; l'inaction spirituelle entraîne la paralysie du sens moral, la perte du sentiment de Irresponsabilité. Au bout d'un certain temps de ce régime anormal et contraire à la santé de l'esprit, la nature humaine est changée. Alors les moindres circonstances indiquent, de manière à ne pas s'y méprendre, que, bon gré mal gré, ces barrières et ces limites imposées à l'individu doivent être maintenues. Le despotisme devient presque une nécessité, et la compression un devoir.

Telle est la leçon que présente en particulier l'histoire de la France. Nulle part tant d'efforts n'ont été faits pour établir la liberté. Soumis à de longues et successives compressions, jamais cependant individu n'a eu chez nous le temps d'apprendre la pratique de la liberté ; jamais n'a pu s'accomplir en lui le lent développement de la dignité personnelle. Harcelé, irrité, opprimé pendant des siècles, dès qu'il a eu un instant de répit ; il n'a songé qu'à opprimer à son tour. Ses passions se sont montrées ce qu'elles devaient être, violentes, aveugles, irrésistibles. Hors on s'aperçoit que cette civilisation dont on se vantait tant n'était qu'un manteau ; on s'aperçoit que la vraie civilisation, au lieu de consister dans un vain étalage de pompes extérieures et d'institutions mécaniques fabriquées par une main ingénieuse, doit sortir vivante du cœur de l'homme et doit être avant tout intérieure et ; morale ; mais il est trop tard pour changer tout cela : c'était l'œuvre du temps, et ce sera encore l'œuvre du temps, car ni les intérêts, ni les passions, ni les craintes, ne peuvent attendre. On invoque comme un sauveur le système qui fut la cause de tout le mal, on invoque contre les individus lei système qui s'est opposé au développement de l'individualité, c'est-à-dire de la vertu humaine, et sa réapparition est saluée avec joie, car, mise en regard des misères et des passions sauvages qu'on a dû supporter, on est obligé de se dire que son action est morale, bienfaisante, humaine. C'est ainsi que pour un œil mal exercé l'oppression semble porter avec elle son remède ; mais un œil clairvoyant s'aperçoit bien vite que cette répression, bienfaisante en apparence, n'est qu'une aggravation nouvelle d'un mal ancien. Et ainsi les sociétés tournent dans un cercle vicieux d' où elles peuvent ne sortir jamais.

Section II

Comment l'œuvre de la civilisation peut-elle s'interrompre ? comment les hommes arrivent-ils à perdre leurs droits d'individu, à être moins qu'un chiffre, une abstraction, à s'absorber dans un être de raison qui s'appelle état ? C'est là un fait historique très important, et qui mérite attention.

Il y a un moment dans la vie des peuples qui est plein de dangers et d'écueils. Lorsque la civilisation s'est développée sans interruption pendant un long espace de temps, elle a produit son œuvre naturelle, qui est, ainsi que nous l'avons dit, de créer des individus. L'individualité, qui d'abord était une exception, à tel point qu'elle constituait un privilège, devient un moment donné le partage de milliers d'hommes ; mais ces individualités à peine formées sont singulièrement incomplètes et grossières ; Pleines de passions : anarchiques, leurs mouvements sont très redoutables et éveillent les inquiétudes des puissants. Leur ignorance ne permet pas de songer à les appeler au gouvernement général de la société, et pourtant elles sont si nombreuses, qu'il est inutile aussi de vouloir les réduire. Le gouvernement, dans de telles conditions, devient très difficile. Un moyen de salut ou, pour mieux dire, un expédient se présente : pourquoi ne tournerait-on pas la difficulté en changeant les conditions de gouvernement ? Jusque-là c'était l'homme qui gouvernait ; pourquoi pas maintenant une machine, une force anonyme ? Alors apparaît le système artificiel, subtil,

Émile Montégut

savant, que l'on nomme monarchie administrative. Une fois enveloppée dans ce réseau, l'individualité humaine s'endort dans une sécurité égoïste. Le nombre des mobiles d'activité de l'homme se trouve singulièrement diminué : ils se réduisent à la recherche des choses nécessaires à la vie physique ; tout ce qui se rapporte à la vie morale devient l'affaire d'un être de raison, nommé l'état.

Cette crise historique est le plus grand péril que rencontre la civilisation, car le remède employé est pire que le mal qu'il cherche à guérir. Ce qui advient de l'individualité humaine, lorsqu'elle est ainsi arrêtée dans son premier développement, c'est ce que par deux fois l'histoire nous a enseigné. La première fois l'âme humaine, toute païenne et matérielle, a cédé sans murmurer et sans prolonger une lutte inutile. La seconde fois, chrétienne et morale, elle a violemment résisté et a engagé un combat qui n'est pas près de finir.

Lorsqu'à la fin de l'ancien monde, toute l'Italie d'abord, et bientôt à sa suite les innombrables provinces de la république, demandèrent à entrer dans la cité romaine, il l'eut, si on peut le dire, comme une invasion violente de l'individualité humaine, mille fois plus dangereuse que les invasions de Teutons et de Cimbres qu'avaient repoussées les soldats de Marius. L'ancien gouvernement devenant impossible, il fut nécessaire d'en trouver un nouveau, et il sortit tout entier de la tête intelligente de César. La monarchie administrative et la force militaire remplacèrent le pouvoir du patriciat. Tous furent citoyens romains, à la condition que tous fussent soumis ; tous furent égaux, et personne ne fut libre : les intérêts moraux de l'humanité entière se concentrèrent dans une seule personne, celle de l'empereur, et ces intérêts, à force d'être universels et généraux, prirent un tel caractère d'abstraction vague, d'entité métaphysique, qu'ils finirent par devenir des fantômes insaisissables à l'intelligence humaine. Tant qu'il resta aux césars quelques vestiges de l'ancien monde à détruire, tant qu'ils eurent sous la main quelques restes de patriciat à ruiner, quelque ombre de sénat à humilier, leur tâche fut facile ; mais lorsqu'il n'exista plus rien qu'un univers et un empereur, alors le vertige commença. Posséder un pouvoir gigantesque qui vous échappe par sa grandeur même, donner des ordres qui se perdent avant d'être obéis, comme la voix se perd dans l'espace lorsque la distance en dépasse la portée, n'être rien à force d'être tout, quelle pitié ! Être sujet d'un empire où l'on n'est rien que par son corps, rien que par l'impôt qu'on paie, par les exactions qu'on subit, quelle dérision ! Alors un immense ennui s'empare du monde romain ; la vie n'a plus aucun prix. Çà et là apparaissent encore quelques grands personnages qui ne servent à rien, qui meurent inutiles à eux-mêmes et au monde. Pendant ce temps, la machine de l'état continue à fonctionner aveuglément, brisant tout ce qu'elle rencontre, engendrant les conséquences les plus néfastes sous prétexte de régularité et de protection égale de tous les citoyens. C'est ainsi qu'il est remarquable qu'au moment où l'esclavage allait disparaître du monde, un édit de Dioclétien, promulgué pour la facilité du cens et le recouvrement de l'impôt, établit le servage et attacha l'homme à la glèbe. Voilà les conséquences qui sortirent du gouvernement qu'avait rendu nécessaire cette explosion mal réglée de l'individualité humaine, encore grossière et imparfaite.

On a considéré l'invasion des Barbares comme un point d'arrêt dans la civilisation, et le moyen âge comme une longue nuit âme née par la destruction de l'empire. Nous croyons au contraire que, sans les Barbares, c'en était fait de l'humanité. L'âme humaine allait s'affaissant et se perdant d'heure en heure, et il est douteux que le christianisme, réduit à ses propres forces, eût pu la régénérer. La preuve en est dans Byzance, siège du christianisme le plus éclairé et bientôt livrée aux radotages séniles, aux révolutions stériles, à cet imbroglio de crimes et d'intrigues qui composent son histoire. Sans les Barbares, le monde entier allait devenir une gigantesque Byzance. Les Barbares sauvèrent l'âme humaine, et c'est à l'ombre du moyen âge que l'individualité, détruite par le monde romain, put grandir et se développer encore une fois.

Au sortir du moyen âge, le phénomène qui s'était déjà produit à la fin de l'ancien monde apparut de nouveau. La vie, longtemps contenue, et qui silencieusement avait réuni et combiné ses forces, éclata avec une spontanéité admirable. Jamais pareille éclosion ne s'était vue. De l'ombre du monastère, du pied de la tour féodale, des sales boutiques de rues obscures, des fossés des grands chemins, surgis sent par milliers des individus qui tous portent un nom, et qui ne font plus partie de cette foule anonyme, sans droits ni devoirs, facile à gouverner, facile à subjuguer. Seulement ils sont

Émile Montégut

encore, cela est visible, dans la phase première de l'individualité. Ardents, anarchiques, irritables, ils ne sont qu'un premier essai de moralité, d'indépendance, de dignité. Le monde tremble et s'effraie de lui-même. Alors apparaît un homme singulier, être hybride et résumé extraordinaire des temps qui vont finir et des temps qui vont arriver, superstitieux comme un homme du moyen âge, froid comme un diplomate moderne, charnellement passionné et en même temps assidu, et rangé, plus sagace que sage : l'empereur Charles Quint. Cet homme néfaste a été la pierre d'achoppement où est venu. e blesser et où a failli se briser le monde moderne. Il tenta, heureusement sans réussir tout à fait, ce qui avait défi trop réussi autrefois : le gouvernement au moyen des armées permanentes et d'une machine administrative. Des fonctionnaires et des soldats devaient être, dans sa pensée, sous l'autorité absolue de l'empereur ; les chefs de la société européenne. Tout semblait justifier un tel système, les nécessités du temps, les révoltes incessantes, les complications politiques, et surtout cette abondance extraordinaire d'individualités remuantes qui troublaient la paix de l'Europe. L'empereur, en mettant ordre à cette anarchie, n'était-il pas un bienfaiteur public ? Quelle gloire si à cette cohue d'ambitieux et d'oppresseurs succédait un gouvernement unique dans toute l'Europe, paternel et régulier ! Tout ce qui portait un caractère d'individualité devait donc disparaître pour faire place à la future unité. Il massacre les protestants allemands, brise les cortès de Castille, foule aux pieds l'indépendance de ce clergé catholique dont il se prétendait le champion. C'est lui qui le premier, par ses armées, ses lieutenants et ses diplomates, a fait céder dans l'Europe catholique la puissance ecclésiastique à la puissance civile. Ses plans de gouvernement échouèrent dans la moitié de l'Europe, mais on peut encore juger de l'arbre par ses fruits. Bien qu'il ait échoué, son règne a produit deux résultats qui ont compliqué l'histoire de tout le continent européen. Le premier, c'est que pour lui résister, tous les peuples ont eu besoin d'avoir recours contre lui au système qu'il employait contre eux : contre ses armées régulières, ils durent avoir recours à des armées régulières ; à son absolutisme, ils durent opposer l'absolutisme. En second lieu, ce système, inconnu depuis plus de mille ans, est entré pour la seconde fois dans le domaine des idées et des faits ; il n'est pas mort avec Charles-Quint, il s'est établi comme tradition et il a été le moyen de gouvernement favori des deux puissantes maisons qui, depuis lui, ont régi l'Europe : la maison d'Autriche et la maison de Bourbon.

Cette invasion de l'individualité humaine, à laquelle Charles-Quint et les princes de sa famille crurent, par conviction et par intérêt, devoir opposer ces chimères de monarchie universelle et de gouvernement renouvelé du monde romain, était-elle donc si redoutable ? A-t-on seulement évité l'anarchie, qu'on voulait comprimer ? L'histoire répond à cette question en nous montrant deux cents ans de guerres ininterrompues. Les peuples n'ont rien gagné à être opprimés, pas même la sécurité matérielle. Quelle anarchie, fût-elle longue d'un demi-siècle, aurait égalé les horreurs de la guerre des Pays-Bas et le sanglant imbroglio de la guerre de trente ans ? Quel anabaptiste ou quel sacramentaire aurait pu égaler en crimes le *señor soldado*, qui pendant plus de cent ans fut la terreur de l'Europe. Si nous n'avons rien gagné, en revanche nous avons beaucoup perdu. Ce système, qui a plus ou moins pesé sur toute l'Europe, a partout infecté les sources de la vie ; aucune nation n'a pu se développer librement et montrer ce dont elle est capable. L'Espagne s'est épuisée pour imposer cette compression, l'Italie en est morte, l'Allemagne en a été contrariée et gênée au point de ne plus être que le séjour d'une race et de ne pouvoir devenir une nation ; quant à la France, son histoire des trois derniers siècles montre assez qu'elle n'a rien évité.

Mais non-seulement la tentative de Charles Quint et de ses imitateurs a été inutile en ce sens qu'elle n'a rien empêché, elle a encore été criminelle en ce sens qu'elle a interrompu le cours de la tradition. C'est là ce que démontre avec une irrésistible évidence toute l'histoire d'Angleterre. Cette éclosion des individualités, qui eut lieu au XVIe siècle, ne fut pas un fait révolutionnaire ; c'était la conséquence naturelle du moyen âge. Les nobles institutions du moyen âge, quelque imparfaites qu'elles fussent, étaient extrêmement favorables au développement de la liberté, et le XVIe siècle, avec son protestantisme et ses revendications de libertés parlementaires, n'était qu'un développement plus large de ces institutions. L'esprit humain ne demandait pas à sortir du moyen âge ; à proprement parler, il demandait à le continuer.

Émile Montégut

Sans l'intervention de Charles-Quint et les moyens de résistance qu'il inventa ou rendit nécessaires, le moyen âge aurait continué en se métamorphosant et en se fondant par degrés dans le monde moderne. C'est donc le système de la monarchie absolue, ce prétendu défenseur de la tradition, qui a été usurpateur, révolutionnaire et anti-chrétien, révolutionnaire parce qu'il a rompu la tradition historique, usurpateur parce qu'il a pris la place des anciennes institutions sous prétexte de les défendre, anti-chrétien parce qu'il fut un retour au système du gouvernement païen. Le continent échappa tout entier au moyen âge, cela est vrai, mais pour se courber sous un fardeau nouveau. L'Angleterre, au contraire, protégée par sa situation insulaire contre le système continental, n'est pas sortie brusquement du moyen âge ; bien plus, elle n'a pas souffert que ses institutions fussent troublées un instant chez elle. Elle a consenti à rester arriérée, et n'a pas voulu payer de sa liberté la belle science politique et administrative qui faisait l'orgueil du continent. En même temps qu'elle conservait ses anciennes institutions, elle en acceptait les conséquences naturelles. Ses révolutions, objets de scandale pour l'Europe asservie, au lieu d'être inspirées par un esprit de nouveauté, l'étaient par un esprit de conservation. Strafford, Charles Ier, Jacques II étaient, eux aussi, à les entendre, de fidèles gardiens de la tradition, et en même temps des novateurs bienfaisants qui rougissaient de voir leur peuple rester si arriéré et si loin du gouvernement régulier du continent. Le peuple anglais ne voulut pas croire à leur amour de la tradition, et repoussa leurs prétendus bienfaits. Les institutions du moyen âge depuis trois cents ans n'ont pas été renversées en Angleterre, on pourrait dire que le moyen âge l'existe encore tout entier, et pourtant qui le reconnaîtrait ? La semence qu'il contenait s'est développée, et d'elle-même elle a produit sa moisson naturelle, libertés constitutionnelles, légalité, indépendance personnelle, esprit de famille, activité individuelle, moralité populaire. Cette explosion de la liberté humaine, qui eut lieu au XVIe siècle, était donc un fait traditionnel, et la résistance qu'elle rencontra fut le seul fait révolutionnaire. Il a été très bien dit par une bouche éloquente que ce n'était pas la liberté, mais la tyrannie qui était nouvelle en Europe.

Le monde antique s'était laissé garrotter dans les liens du

système impérial en applaudissant ses tyrans ; mais dans les temps modernes il n'en a pas été ainsi, et l'âme humaine n'a cessé de protester contre cette action mécanique sous laquelle on prétendait la faire ployer. Elle s'est soumise, mais toujours en faisant ses conditions et en se réservant de revendiquer un jour ses droits. C'est là surtout le singulier spectacle que présente la France des trois derniers siècles. Soumise, par les nécessités de son histoire, de sa situation continentale et même de ses passions, à cette centralisation excessive et à cette absorption de l'individu dans l'état, elle n'a cependant jamais considéré ce gouvernement que comme passager. Ce n'est que pour un temps et comme moyen de transition qu'elle renonce à la liberté ; mais ce pacte tacite se renouvelle incessamment, et toujours avec la même facilité et la même obéissance, car aussitôt qu'il est brisé, l'inexpérience de la liberté se révèle, et il est nécessaire de le rétablir. La révolution française, avec ses espérances ardentes et ses amères déceptions, avec son enthousiasme et sa terreur, ses brûlants appels à la liberté et ses méthodes despotiques de gouvernement, exprime bien les difficultés de cette situation fatale. Que de fois la France s'est écriée : Le moment est arrivé, le pacte est rompu ! Autant de fois elle a prononcé cette parole, autant de fois elle est revenue se placer sous l'égide de l'autorité, honteuse d'elle-même et consentant à n'être rien pour un temps encore. Son éducation est longue et laborieuse en vérité, et il ne saurait en être autrement, car le seul apprentissage de la liberté, c'est la possession de la liberté elle-même. Aussitôt par conséquent que disparaît en France ce gouvernement qui dispense de responsabilité, d'activité morale, de caractère, l'individu, appelé à la liberté, se montre ce qu'il est, plein de maladresses, d'égoïsme et d'ignorance. Ni son gouvernement, qui n'a jamais requis de lui que le silence, ni sa religion, qui repose sur un fondement extérieur et qui n'a jamais requis que son obéissance, n'ont pu lui donner la conscience et la science qu'il n'a pas. Mais n'importe, la France a protesté toujours tout en se soumettant, protesté malgré ses habitudes et ses instincts monarchiques ; elle a déclaré d'avance qu'elle se considérait comme faite pour d'autres destinées. Combien de temps durera cette situation violente, c'est ce qu'il est difficile de savoir ; mais il serait sage à tout gouvernement de prévoir qu'elle devra cesser un jour, et, pour son salut et sa durée même,

Émile Montégut

de travailler à adoucir les crises futures en élargissant de plus en plus la sphère où peut s'exercer l'initiative individuelle, et en faisant tous ses efforts pour augmenter les rangs du peuple et diminuer les rangs de la populace. Le peuple ! la populace ! voilà en effet les deux termes extrêmes qui indiquent le mieux les différences qui existent entre les deux systèmes contraires : par tout où l'individualité est souveraine, il existe un peuple ; là où ses droits sont contestés, il n'existe trop souvent qu'une populace.

Section III

L'expérience a démontré la vanité des tentatives qui ont été faites pour s'opposer au développement de l'individualité ; il n'y a pas à désespérer du résultat de la lutte. Nous portons la peine de l'histoire, voilà tout : nous sommes ce qu'elle nous a faits, et il dépend toujours de nous d'en modifier et d'en changer le cours ; mais cela ne veut pas dire qu'il faille fermer les yeux sur les dangers présents, qui deviennent plus graves à mesure que le temps marche.

Le grand danger de la société moderne a été signalé, Il y a déjà trente ans, en deux mots admirables par l'homme politique le plus sagace de notre époque, par M. Royer-Collard : « Toutes les affaires qui ne sont pas nos affaires personnelles sont les affaires de l'état. » Ainsi la révolution, en émancipant les individus, a du même coup exagéré les obstacles imposés à l'individualité. Comment cela a-t-il pu se faire ? La révolution a été surtout négative et extérieure ; elle crut que, pour rendre l'homme libre, il suffisait d'abattre les institutions qui le gênaient. Protestation en faveur de l'individu, elle a donc ignoré entièrement ce qui constituait l'individualité, c'est-à-dire l'effort libre et intime de l'âme sur elle-même. Elle a pris son point de départ en dehors de l'homme, et ne s'est attaquée qu'à la société extérieure, effet et non cause du mal, au lieu de s'adresser à l'individu, pour lequel et par lequel existe toute société extérieure. Les institutions furent abolies, mais l'âme ne fut pas changée, Aucune réforme morale n'avait transformé l'individu et ne l'avait préparé pour des destinées nouvelles. Libre des obstacles extérieurs, il se trouva tel que l'avaient fait ces obstacles ; il abolissait l'ancien régime, et il portait en lui l'ancien régime ; il abolissait la monarchie, et il gardait l'éducation que lui avait faite la monarchie. C'est la première fois peut-être dans histoire qu'on ait vu les ennemis d'un état social ne différer en rien de ses défenseurs. Tous les personnages de la révolution se ressemblent : âme, caractère, habitudes, opinions même, ils avaient tout en commun. Ainsi l'individu demeura tel que l'ancienne société l'avait créé, et au moment où il se débarrassait de ses liens matériels, il restait enchaîné par les liens moraux de l'éducation et de l'habitude. Il y eut destruction et non régénération.

Ce qui fait que l'homme est un *individu*, une *personne*, c'est qu'il possède une force par laquelle il agit extérieurement, un principe moral d'où découlent ses actes visibles. Rien de tout cela n'existait chez l'homme de la révolution. Pour tout principe moral, il avait des opinions ; pour toute force intérieure, certains mobiles d'action, tels que l'esprit militaire, l'honneur du drapeau, l'amour de la patrie, tous sentiments qui étaient le fruit d'une civilisation particulière, ou qui étaient de nature passagère. Mais de sentiment permanent, qui pût servir de base à la vie et de règle morale durable, également applicable à tous les moments et dans toutes les situations de l'existence, il n'en avait aucun. Des opinions philosophiques, de la bravoure et de l'enthousiasme ne remplacent pas urne conviction morale et sont incapables de diriger la vie pratique. Si la société civile avait pu ressembler à une académie ou à un camp, le Français aurait eu tout ce qu'il fallait pour y briller ; malheureusement il n'en était pas ainsi, et à peine émancipé, il retomba en tutelle.

Privé des anciennes institutions, il n'avait donc pas en lui le principe générateur d'où pouvaient en découler de nouvelles. Comment exister cependant, les liens que forment les relations entre les hommes étant brisés et ne pouvant être remplacés ? L'individu était libre, il est vrai, mais à la condition d'être isolé. Il se sentit faible et incapable de se protéger lui-même ; mais un remède se présentait : la force de l'éducation et de l'habitude le poussa vers le système dont il s'était émancipé. Il réinventa pour ainsi dire l'autorité, se plaça sous son abri, et la chargea de tous les devoirs dont il ne pouvait s'acquitter lui-même, en lui imposant une condition importante cependant : c'est qu'elle ne rétablirait jamais les institutions qu'il avait détruites. Cette restauration d'un ancien système prit le nom nouveau de centralisation, lien artificiel qui

Émile Montégut

permet aux individus de vivre en même temps réunis et isolés, et qui, par son action générale, dispense chacun de sa participation aux affaires publiques. Ce mécanisme politique est si bien le seul lien qui chez nous relie les hommes, qu'aussitôt qu'il disparaît, la France présente l'aspect d'une fourmilière écrasée par le pied d'un passant.

Dès-lors, ainsi qu'on l'a très bien dit, toutes les affaires qui n'ont pas été nos affaires particulières ont été les affaires de l'état. La vie privée en France a toujours été séparée de la vie publique, mais la séparation est devenue plus large qu'elle ne l'avait jamais été. L'individu n'a eu, pour ainsi dire, rien à faire ; nul motif d'action générale, nulle occupation dont quelque ingénieux mécanisme ne pût se charger aussi bien que lui. L'état pense pour l'individu, délibère et avise pour lui. C'est bien là, si l'on veut, une espèce de liberté, mais c'est une liberté qui consiste dans une diminution et non dans une augmentation de responsabilité.

Nous pouvons nous dire libres, si nous entendons par liberté le droit de ne disposer de notre temps qu'à notre profit ; niais c'est une liberté stérile, et sous son influence l'individualité s'affaiblit à vue d'œil. D'où peuvent venir à l'individu soumis à un pareil régime la sagesse, l'expérience, le caractère, l'esprit de résistance, l'intelligence des intérêts qui lui sont communs avec tous ses semblables ? Pour constater cette diminution de l'individualité, on n'a qu'à prêter l'oreille aux mille conversations que l'on entend chaque jour ; on pourra se convaincre ainsi à peu de frais que beaucoup de nos contemporains sont devenus incapables de comprendre une question d'intérêt général. Droits et devoirs, principes politiques sont plus éloignés d'eux que la révolution de la Chine ou la religion du grand-lama ; ils en parlent avec une certaine curiosité banale comme d'une chose lointaine et étrangère sur laquelle ils demanderaient des renseignements, ou avec une indifférence froide qui indique que tout cela est pour eux du domaine de l'inconnu. L'éducation politique de l'individu est certainement moins avancée aujourd'hui qu'au XVIIIe siècle, et il n'y a pas à s'étonner de ce fait, car la séparation entre les affaires publiques et les affaires privées était moins grande qu'aujourd'hui, et bien loin d'être détruit, le système contre lequel l'individu avait protesté a été reproduit sous une nouvelle forme, plus ingénieuse, mais moins propre encore à développer le sentiment de la vie publique.

Ce n'est pas seulement dans les relations de l'individu avec l'état politique que cette diminution de la personnalité peut se remarquer. Cette habitude de séparer les affaires générales des affaires privées a produit à la longue dans la vie intellectuelle un résultat des plus bizarres, qui mériterait d'être décrit par la plume d'un satirique. Nous avons porté dans le monde de l'intelligence je ne sais quelle fausse application du principe de la division du travail. Les économistes et les philosophes se sont lamentés sur certaines conséquences, déplorables en effet, de ce système ; ils ont gémi à bon droit sur le sort du malheureux ouvrier qui passait toute sa vie à fabriquer une tête d'épingle. Gardons un peu de cette compassion pour nous-mêmes ; nous aussi nous commençons à ne fabriquer que des têtes d'épingle. Nous écartons si bien de notre personne tout ce qui ne nous touche pas directement, que non-seulement nous n'existons plus que pour notre profession, mais que nous retranchons de notre profession toutes les branches qui ne peuvent pas nous rap porter un profit immédiat. Nous ne voyons rien en dehors de notre profession, et dans celle-là même nous ne voyons qu'un point unique, De là la rage des *spécialités*, qui est devenue un des fléaux de notre époque, et qui finira par affaiblir l'intelligence humaine mieux que ne pourrait le faire l'abus des narcotiques les plus mortels. Nous avons bouleversé les lois de l'esprit : on tenait jusqu'à présent que la partie devait avoir nécessairement des rapports avec le tout ; nous avons découvert le contraire. Aussi est-il dangereux de consulter les hommes de notre temps sur d'autres points que leur profession. Vous êtes étonné de leur sagacité sur des choses de détail ; enlevez-les à leur métier, ils révèlent une nullité désespérante. Les professions libérales elles-mêmes ne servent plus à donner comme autrefois à l'homme une idée générale de la vie. Sous l'influence de ce despotisme croissant de la profession, les intérêts privés peuvent aller en se multipliant, je le veux bien, mais ce qui est certain, c'est que l'individualité diminue.

Tout faible qu'il est cependant, l'individu n'en est pas moins fort redoutable à notre époque, car s'il n'a pas de qualités bien saillantes, il a au moins un vice bien tranché. S'il n'a pas la science

Émile Montégut

de la liberté, il a le goût de l'anarchie. Moins sa vie individuelle est unie à la vie générale, et plus il est formidable à son voisin. Ne cherchant en tout que son intérêt privé, il ignore le scrupule ; habitué à être comprimé, il ignore la contrainte volontaire. Comme il ne connaît d'autres obstacles que des obstacles extérieurs, il marche jusqu'à ce qu'il soit arrêté. Il doit ce caractère anarchique aux leçons que lui ont données à la fois l'ancien régime et la révolution. Ce caractère anarchique, envahissant, ce mépris des droits d'autrui, cette révolte contre toute contrainte, se rencontrent du haut en bas de l'échelle sociale, dans tous les faits de la vie, et se révèlent tout aussi bien par les simples relations commerciales que par les émeutes ou les bouleversements politiques. Aussi la société redoute-t-elle l'individu. Elle n'a pas perdu le souvenir des frayeurs que lui ont causées sa licence et ses saturnales. On peut l'opprimer sans crainte, elle ne réclamera pas. Cet abandon de l'individu par la société est un des faits les plus curieux de l'époque et les plus propres à éclairer sur l'avenir vers lequel nous marchons à grands pas. C'est un fait tout nouveau. Jusqu'à présent, la société avait pris parti pour ou contre l'individu, mais jamais elle n'était restée spectatrice indifférente. Outre cette conséquence terrible de l'indifférence, ses frayeurs en ont eu une autre presque aussi grave, la haine de la vérité et de l'originalité. Nous demandons à nos semblables de nous gêner le moins possible et par conséquent d'être le moins sincères possible, de n'avoir une opinion contraire à la nôtre que sur des sujets indifférents. Nous craignons que la pensée d'autrui ne se révèle au grand jour, de peur qu'elle ne nous soit une honte et une injure, et de son côté l'individu dissimule sa pensée, sachant bien qu'elle ne lui rapporterait qu'infortunes. Celui qui oserait dire franchement sa pensée à tous ceux qu'il rencontre passerait pour un diffamateur universel. Un seul mot peut résumer l'ensemble des relations sociales à notre époque : jusqu'à présent l'homme s'était défié de l'homme, aujourd'hui l'homme a peur de l'homme.

Écarté des affaires humaines par les méthodes modernes de gouvernement, redouté par la société, diminué et affaibli par la préoccupation exclusive de ses intérêts privés, vous croyez peut-être que l'individu trouvera un point d'appui dans les partis politiques ? Ils ont des intérêts généraux à faire prévaloir, et le fait même de leur existence prouve que les hommes sont partagés d'opinions sur les questions morales ; ils feront donc appel à l'initiative individuelle et la défendront de tout leur pouvoir ? Il n'en est rien. Parmi tous les partis qui divisent la France, un seul a fait quelques efforts en faveur de la liberté individuelle ; tous les autres sans exception comptent peu sur elle, ou essaient de se passer de son concours. À l'une des extrémités de l'échelle politique se trouve un parti qui prétend gouverner par le plus petit nombre, prétention condamnée en France, et qui impose le gouvernement comme un *credo*. Faire acte de foi en l'acceptant, telle est l'unique initiative qu'il réclame de l'individu. Il nie ainsi les transformations politiques, œuvre de la liberté, et regarde la société comme une institution fixe, au lieu de voir son vrai caractère, qui est la fluidité et le mouvement. L'autre extrémité de l'échelle politique est occupée par un parti nombreux, et qui, il y a quelques années à peine, a troublé le monde. Ce parti se divise en deux camps, également ennemis en sens contraire de la liberté, L'un prétend se passer absolument de l'individu : pour guérir le mal dont nous souffrons, il demandé à l'élargir encore. Les mécanismes politiques qui gênent notre vie publique respectent au moins notre vie privée ; mais le partiront nous parlons, loin de voir là un bien, y voit un mal, et il étend aux relations matérielles l'oppression que les hommes n'ont jusque présent ressentie que dans la vie morale. L'autre fraction de ce parti se déclare en principe favorable à la liberté et le paraît en effet ; mais ; égarée par une fausse idée d'égalité, elle écrase l'individu sous le poids des multitudes. Elle ne reconnaît pas de différences ; elle ne pèse que la matière humaine, elle ne tient compte que de la quantité. Pour elle, tout homme est un individu ; elle ne veut pas ou ne sait pas reconnaître que l'individualité n'est pas un fait spontané, mais une œuvre d'éducation, d'élaboration lente et successive, et que la liberté s'acquiert au même titre que s'acquièrent toutes les choses de ce monde : la richesse, la renommée, le crédit moral. Elle veut faire trop d'honneur à la nature humaine, et cet honnête désir l'entraîne souvent en fait à prendre pour la nature humaine ce qui n'en est que la matière première. Certes mieux vaut encore se fier à des mécanismes fabriqués au moins par une main savante qu'aux grossiers instincts des multitudes ; mieux valent toutes les immobilités du pire des *statu quo* que les orages du hasard.

Émile Montégut

Cependant, malgré tant d'obstacles, la force de la liberté est telle ment puissante qu'il n'y a point à douter de son triomphe définitif, et néanmoins-il se présente encore ici une objection. Je ne doute point de la force d'impulsion de l'individu en France : il en a donné trop d'exemples mémorables. Ce dont on peut douter, c'est de sa force de patience et de modération. L'esprit d'inertie et de résistance est de toutes les qualités qui constituent l'individualité la plus difficile à acquérir ; celles qui relèvent de la passion s'apprennent assez d'elles-mêmes. Or Il y a dans notre caractère national une tendance qui demande à être sérieusement surveillée. Je ne sais pourquoi l'esprit français été qualifié d'esprit pratique ; il doit sans doute cette réputation à sa souplesse et à son élasticité, qui le font rebondir sur lui-même et l'empêchent de demeurer au fond des abîmes où il est tombé. Le caractère français est à la fois routinier et utopique ; la force de l'habitude et la force des chimères le tirent également en sens contraire. Le peuple français n'habite jamais le présent pour ainsi dire, et il ignore par conséquent l'étoffe dont la liberté est faîte. Il se rejette vers le passé sans l'aimer, souvent même sans le connaître ; il s'élance vers l'avenir sans le redouter, et surtout sans le préparer. Son ennemi, c'est le présent, dont il ne tient aucun compte, qu'il hait presque toujours, et pour lequel il n'a jamais assez de quolibets amers, de plaisanteries et d'outrages. Nous sommes doués d'une sorte de génie fatal pour découvrir les vulgarités, les mesquineries, les bassesses du présent, et pour opposer les résultats que nous avons obtenus aux résultats que nous avions désirés. Bien des gouvernements qui n'étaient coupables de rien, sinon d'exister, ont fait cette grave et dure expérience. Cette disposition d'esprit domine toute notre histoire, et a donné lieu à des contradictions qui ont à bon droit étonné les autres nations. C'est ainsi que nous passons tantôt pour un peuple révolutionnaire, tantôt pour un peuple monarchique, et les deux opinions sont également vraies, également motivées. Cependant le présent seul est le vrai terrain de la liberté ; si le passé entre pour beaucoup dans la formation de l'individu, si l'avenir est le but vers lequel il doit tendre, c'est dans le présent seul qu'il vit, respire et travaille. Le passé ne reviendra plus, et l'avenir arrivera toujours trop vite, si nous ne l'avons préparé. Savoir utiliser le présent et préparer l'avenir, savoir travailler dans les conditions qui nous sont données, c'est là ce qu'il nous faut apprendre.

L'éducation de l'individu est donc à faire presque tout entière. Nous avons signalé bien des obstacles, qui sont tous le fruit d'une fatale tradition historique. Et le remède, direz-vous, le moyen d'arriver à cette éducation individuelle, à cette réforme intérieure ? Le remède ! Si je le tenais dans la main, je n'imiterais point l'égoïste Fontenelle, et je le montrerais immédiatement. Si j'écoutais cet instinct français que j'ai signalé, je me retournerais volontiers vers le passé, et je dirais qu'il sera éternellement regrettable que les choses n'aient pas suivi un autre cours il y a trois siècles. Regrets inutiles et désormais parfaitement stériles ! Mais sans aller si loin, n'est-ce pas un remède que d'arriver à connaître sa vraie situation, à réfléchir sur la cause de ses malheurs, à confesser ses imperfections ? Si nous aurons une fois ce courage, un grand point sera désormais gagné, car nous aurons rompu avec des habitudes fatales. Connaître sa vraie situation, c'est l'avoir réformée à moitié. Il y a une pensée profonde d'un rêveur allemand par laquelle nous aimerions à conclure : « Nous sommes bien près de nous réveiller lorsque nous rêvons que nous rêvons. » Efforçons-nous donc de tout notre pouvoir d'arriver à cet heureux rêve, indice et précurseur du réveil.

ISBN : 978-1541363496

Émile Montégut